निवेदिता

निवेदिता दिनकर हिन्दी व अंग्रेज़ी में लेख और कविताएं लिखती हैं। बरेली में बंगाली परिवार में पैदा हुईं निवेदिता पर्यावरण कंपनी 'दास रासायनिक सर्विसेज़', आगरा में सीओओ (चीफ़ ऑपरेशन ऑफ़िसर) के पद पर कार्यरत हैं।

2019 में एकल काव्य संग्रह 'इत्र तुम्हारी शर्ट का' प्रकाशित। 'कितनी गिरहें खोली हैं मैंने' किताब में फ़िल्म 'उत्सव' पर आलेख 2022 में प्रकाशित। आठ साझा हिन्दी काव्य संग्रह और दो साझा अंग्रेज़ी काव्य संग्रह में कविताएं प्रकाशित। अनेक प्रतिष्ठित हिन्दी और अंग्रेज़ी पत्र-पत्रिकाओं व ब्लॉग में कविताएं और लेख प्रकाशित।

2015 में आगमन संस्था द्वारा बेस्ट पोएट अवॉर्ड। 2016 में भारतीय भाषा अकादमी द्वारा हास्य कवि पद्मश्री सुरेंद्र शर्मा के हाथों समीक्षा सम्मान। 2017 में कविकुम्भ द्वारा स्वयंसिद्धा सृजन सम्मान।

मात्र मात्राओं का खेल है

निवेदिता दिनकर

प्रतिबिम्ब
by notionpress.com

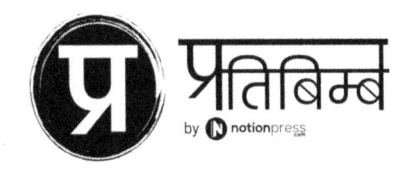

प्रथम संस्करण: 2023

ISBN: 979-8-88935-945-6

© निवेदिता दिनकर

मूल्य: ₹ 99/-

प्रकाशक: प्रतिबिम्ब, नोशन प्रेस का उपक्रम

संपर्क: नोशन प्रेस,

7, मांटिएथ रोड

एग्मोरे, चेन्नई, तमिलनाडु – 600008

Maatr Maatraon Ka Khel Hai

Poems by Nivedita Dinkar

सर्वाधिकार सुरक्षित। लेखक/प्रकाशक की अनुमति के बिना इस पुस्तक के अंशों का उपयोग नहीं किया जा सकता। यह पुस्तक लेखक की सहमति से सामग्री को त्रुटिहीन बनाने के तमाम प्रयासों के बाद प्रकाशित की गई है। हालांकि, लेखक और प्रकाशक पाठ्य सामग्री में जाने-अनजाने या किसी अन्य वजह से छूट गई त्रुटियों या चूक की वजह से किसी भी पक्ष को हुए नुक़सान, क्षति या व्यवधान का दायित्व लेने से इनकार करते हैं।

अपनी जुझारू माँ के लिए

अनुक्रम

विषय रहित	9
इल्ज़ाम	10
तीन औरतें	11
क़िस्से छलते हैं	12
पत्रकारिता	14
दादू के नए बने घर में तालाब था	16
इश्क़ के शहर	18
बैंगनी आसमान	19
कुलधरा	21
रात के पैर	22
पैटर्न	23
महसा अमिनी	24
कोई नहीं, मिट्टी डालो	25
धनबाद के बाद	26
हल सरल हो जाता है	27
यात्रा पथ के क़िस्से	29
आखेट	30
उस कुर्सी में आज आप नहीं बैठे मिले	31
घुन्नेटवाली कविता	33
पुरुष का पौरुष	34
खी खी खी खी	35
इंद्रधनुष	36
अम्माऽऽऽ	37
मात्र मात्राओं का खेल है	39
रामगंगा* नदी को जाननेवाले बहुत कम होंगे	40
और आलू झींगे पोस्तो	42
संपन्नता	44

मुझे मम्मी पास जाना है	45
छुट्टी-वुट्टी	46
शिमला! कई गुलाबों का मौसम	47
सोमवती	48
यथा सर्वार्थसिद्धि योग	49
अंजाम	50
कुछ अधूरे क़िस्से	51
कैरेक्टर सर्टिफ़िकेट	52
ऐ सुनो!	54
ठीक उसके बाद	55
जी टी एक्सप्रेस	56
मेरी मुक्ति	57
ख़ारिज	58
ईश्वर के प्रति मेरी आस्था चरम पर है/थी	60

विषय रहित

कुछ कविताएं लिखी नहीं गईं
और कुछ कविताएं कभी लिखी नहीं जा पाएंगी
वे या तो कठुआ के जवाब-तलब में फँसकर रह गईं
जहाँ बच्ची को मारने से पहले का वहशी वक़्त अभी तक थमा हुआ है
या देवरिया, मुज़फ़्फ़रपुर के आश्रय-गृहों में लड़कियों के सीनों में दफ़्न है
और वहाँ भी, जहाँ अभी ऐसा ही कुछ चल रहा होगा
मुँह फेरकर शर्म से कहीं छुपी बैठी होगी
उन्नाव में शाम-दर-शाम सहमी, डरी, हाँफती साँसें छटपटा रही होंगी
आरा के नारे में वह नारी हवाओं और दरख़्तों को ही पुकार रही होगी
क्योंकि सामने इंसानियत तो कपड़े उतारे खड़ी थी
अब तो सुदूर कोई काली अँधेरी गुफा ही सुरक्षित लगती है।

इल्ज़ाम

इल्ज़ाम है कि
गिलहरी और कबूतर एक साथ
बाजरे को चुगने को लेकर झगड़ते पाए गए

इस तरह से
'बाजरे' के ऊपर
देशद्रोह का मामला
किसी भी क्षण लग सकता है।

तीन औरतें

शहर में वसंत घुला हुआ है
एफ़एमवाले गाकर
तो अख़बारवाले शुभकामनाएं पेश कर दुनिया को बता रहें है
सोशल साइट्स भी आगे बढ़-चढ़कर सरसों के खेत
आग यानी पलाश के क़सीदे
और माँ सरस्वती की वंदना से गुंजायमान को
पेश करने की होड़ में लाइक्स-लव्स बटोर रहे हैं
गली की नुक्कड़ पर
तीन औरतें
शाम काम से लौटतीं
कौन किस तरीक़े से आज पिटी... पर हँसते हुए पाई गईं
शहर में वसंत घनघोर घुला हुआ है।

क़िस्से छलते हैं

उस दिन मैंने तुम्हें जगाने की बहुत कोशिश की
बिलकुल उस बन्दर के जैसे
जो अपने साथी बन्दर को उठाने की भरसक कोशिश कर रहा था
जो इलेक्ट्रिक शॉक की वजह से
रेल की पटरियों के बीच मूर्च्छित पड़ा था
कितना कष्ट हो रहा था उसे
बार-बार देख रहा था इधर-उधर

मैं भी भरसक कोशिश करता रहा था
समझने की –
मूर्च्छित कौन है?
मैं या तुम?

तुम पर स्टील ग्रे वाली चौड़े बॉर्डर की सिल्क साड़ी बहुत फबती है
उठो न...
मन-ही-मन चलता रहा सब
वह पेंटिंग, जो मैं तुमसे छुपाकर बना रहा था
अब तैयार है
एक बार देखो तो कि...
...थमते-सोचते विचर रहा था

आह रे! उस बन्दर का साथी भी नहीं उठ रहा है
पर बन्दर कोशिश में लगा हुआ है
लगता है
वह अपने साथी बन्दर को उठाकर ही दम लेगा
क्योंकि वह जानता है – अपने अंदर के 'बेदम दम' को

तुम्हारी आधी पी ब्लैक कॉफ़ी 'हमारे' इंतज़ार में थी
और साथ में आसमानी पर्पल ऑर्किड के फूल
उस बुलबुल चिड़िया ने ऊपर टंगे कोचिया के गमले में बच्चे दिए हैं
और
मैं जानता हूँ –
उनके कोलाहल का स्पर्श बाँध देगा लाए तिनकों से
एक दिन हमें।

पत्रकारिता

शफ़ीक़ को फ़ुर्सत नहीं थी जानने की –
गलवान का क्या माज़रा है?
किसकी सेना पीछे गई?
किसकी आगे आई?
ब्रेकिंग न्यूज़ क्या है इन दिनों?

वह चाहता है इतना भर
कि उसका सोलह साल का लड़का ग़लत सोहबत में न जाए
'इसलिए लौंडे को ताली लगा आता हूँ...'

हाथ में वेल्डिंग मशीन लिए
शफ़ीक़ मियां दोमंज़िले पर चढ़
'किच च किच च च...' आवाज़ में मस्त होकर
अपने छह लोगों के परिवार को मुट्ठी भर स्वाद...

गूंगा असिस्टेंट बना लगा हुआ था पीछे-पीछे
अपने मास्टर शफ़ीक़ के
गूंगे के पापा बीमार रहते हैं
जल्दी में रहता है हमेशा

अपने मास्टर से सारे गुर, वेल्डिंग-कटिंग सीखकर
एक फटफटिया ले लेगा
गूंगा नहीं है गूंगा
बस बचपन में बोलता नहीं था
तो क़स्बे में गूंगा-गूंगा चल पड़ा
नाम तो सचिन है
शर्माता हुआ कहता है

तभी भोंपू बजा...
यह क्या चकल्लस है बे?
वीर-गाथा किसकी चल रही?

ग़लती से सुर ग़लत चला गया
सब तरफ़ धन-वर्षा हो रही है
राहत ही राहत है
बादल, बारिश, बूँदें... ब ब बा ढ़...

दादू के नए बने घर में तालाब था

दादू* के नए बने घर में तालाब था
तलब भी जगी
कि तैरना सीख लूँगी
कोशिश किया कई बार
पर तैरना नहीं सीख पाई
मुझे किनारे बैठकर तालाब में जाल डालकर
मछली पकड़ते हुए देखना बहुत अच्छा लगता
जैसे अकेले बैठकर पेड़-पौधों से बातें करना
बकरी के बच्चों, श्वान के बच्चों को देखते ही झट गोदी में उठा लेना
कन्हाई की दुकान से खट्टे-मीठे लेमनचूसवाली गोली खाना
फलवाले दादू की दुकान में सजाए जार में हाथ घुसाकर बिस्कुट...

छह फ़ीट क़द-काठी, गठीला बदन, औतुल मामा
तालाब में डुबकी लगाते और
तालाब के किनारे गड्ढों से
कभी केकड़ा
तो कभी चिंगड़ी* पकड़ लाते
हम किनारे बैठ ख़ुशी से चिल्लाते –
अबकी बार बड़ी मछली पकड़ो न, औतुल मामा!

औतुल मामा से अपना रिश्ता आज तक समझ नहीं आया
वह माँ के भाई नहीं थे
क्योंकि माँ, मौसी सब औतुल मामा ही बुलाते
दिदिमा* को औतुल मामा दीदी कहकर संबोधित करते
पर वह दिदिमा के भी भाई नहीं थे

शाम होते ही औतुल मामा आख़िरवाले कमरे से लगे
सौदोर' में बैठकर बाँसुरी बजाते
या फिर कैसे एक बार एक बाघ को मारा था, जब वह गाँव में घुस आया था...
वाली कहानी सुनाते
टांड के ऊपर रखा बल्लम* गवाह के रूप में अभी तक रखा हुआ था
औतुल मामा दिन में एक स्कूल में चौकीदार थे
और रात को दादू को डिस्पेंसरी से लौटते वक़्त बड़ा-सा एवरेडीवाला टॉर्च रास्ते भर दिखाते हुए लाते
औतुल मामा की पीठ पर चढ़कर कितने मेले देखे
और तैरना सीखने के लिए कितने हाथ-पैर मारे
पर औतुल मामा, तुमसे रिश्ते की पेचीदगी आज तक नहीं सुलझ पाई।

*चिंगड़ी – झींगा मछली
*बल्लम – एक प्रकार का शस्त्र; मोटा छड़
*दिदिमा – नानी
*दादू – नाना
*सौदोर (बांग्ला शब्द) – घर के बाहर वाला हिस्सा, आँगन, सामने का भाग

इश्क़ के शहर

एक ऐसी भी ख़्वाहिश है
कि हर रात एक नए शहर में गुज़रे
हर शहर की एक अलग फ़िज़ा
फ़िज़ाएं बता देती हैं फ़ितरतें

देह लिए होती है और होती है उसमें
एक उन्मादी गंध
महसूस किया है मैंने

सड़कों पर, दरख़्तों पर, ईंटों-पत्थरों पर
तिलस्मी कहानियों का ज़खीरा सोया हुआ है
एक आहट के इंतज़ार में

रात आज चाँद-तारों के साथ अलाव जलाकर
कुछ गपशप करने के फ़िराक़ में है

श्श्श्श...

बैंगनी आसमान

बैंगनी आसमान
तो बैंगनी मुकेश* साड़ी-सा दिखता है
मैं तुम्हारे लहराते फलक को माँ का आँचल समझ लेती हूँ
माँ आईने के सामने संवरती हुई...

जज़्बात नहीं निकलते शब्दों से हर बार
और
शब्द, तुम व्यर्थ इतराते हो
दर्द बताने के लिए माकूल शब्द है कोई?

तेज़ आवाज़ एमआरआई मशीन से निकलती
कानों और दिमाग़ से ज़्यादा
रूह को भेदती

हलक से घूँट नहीं लेने की हिदायत
ऐसा लगे कि
किसी ने मुँह पर तकिया रख दिया हो

कोई ऐसा शब्द है
जो इस दर्द से निजात दे सके?

मैं एक बार फिर
माँ के आँचल को अपनी उँगली में मोड़-मोड़कर
छोड़ रही हूँ

---

*मुकेश/मुक़य्यश – गुजरात, भारत से रेशम के कपड़े पर चांदी के धागे के साथ ब्रोकेड कढ़ाई के काम का एक प्राचीन शिल्प।

क्योंकि
दर्द से बचने के लिए मेरे पास
बस यही उपचार था।

कुलधरा

राजस्थान का जैसलमेर ज़िला
निर्माण लगभग तेरहवीं शताब्दी
अवशेष देख बेहद रोमांचित हो गई थी

थोड़ी देर ठहरने पर
इनके जीवाश्म से आवाज़ें
कानों में गूंजने लगीं
पत्थरों पर छोड़ी गई छापों से सब कुछ
साफ़-साफ़ झलक जो रहा था

अजीब आकर्षण-सा होने लगा
उस माहौल की सीली-सीली भभक भी मेरे अंदर धीरे-धीरे घर करने लगी

रसोई से आती खाना पकने की ख़ुशबू
या शोर मचाते बच्चे
या मंदिर से आती टन-टन
या दूर बावड़ी से छपाक की आवाज़...

आह!
मैं गहरी निद्रा में जा चुकी थी।

रात के पैर

रात पूरा विचरने के लिए
इसलिए नानी के बग़ल में लेटकर
टोका-टुकी की कहानी सुनती हूँ
नींद आसानी से आ जाती है

धीरे धीरे वह हाथ-पंखे से हवा करती
और हम बच्चे कब नींद से प्रेम कर बैठते
वह भोर की ठंडी हवा खिड़कियों से
लेप लगाकर जगाती, तो ही जगते

तालाब किनारे पैर लटकाकर घंटों बैठकर
तरंग-तडंग
पत्थर, घास, मिट्टी फेंकने को सात आश्चर्यों में नहीं गिना गया,
सोचकर बेहिसाब आनंद आया
वर्ना इसे भी सुरक्षा कारणों से बंद कर देते

पूजाघर की खिड़की पर सिर रखकर
दूर सड़क पर
कितनी बसें इस तरफ़ से, तो कितनी बसें
उस तरफ़ से गईं-आईं, गिनते-गिनते जान लिया गणित का बीज

एक आक्षेप कि कह नहीं पाई
पिता से,
तुमसे ही ज़्यादा प्रेम किया
बनिस्बत माँ के।

पैटर्न

पिछली रात छटपटाहटवाली रही
एक बूँद भी नींद नहीं थी
ईमेल करते-करते साढ़े तीन बज गए थे
उठकर रंग-बिरंगी मछलियों को देखा
जो एक्वेरियम के अंदर डाले गए राखी के बेल को धीरे-धीरे खा रही थीं

यह मेरा एक एक्सपेरिमेंट है
लाइव डालियों को पानी के अंदर रखना
क्योंकि प्लास्टिक के पेड़-पौधे, तैराक, मरमेड,
टॉयज़ बहुत अवसाद पैदा करते हैं

तुम्हारे नहीं होने का
नींद के न आने से
कोई कनेक्शन नहीं था

चादर की सिलवटों में मत जाना
आँखों के नीचे घेरे
लेट नाइट्स* नहीं हैं...
मौसम वैज्ञानिकों के अनुसार
मानसून के आने का नॉर्मल पैटर्न बदला है।

---

*लेट नाइट्स – देर रात तक कार्य करना

महसा अमिनी

तमाम रंजिशें चलती रहती हैं। विद्रोह करते चलते हैं।
'क्या मुझे निस्सहाय और कंगाल जानकर तुमने आज प्रतिशोध लेना चाहा?'
जयशंकर प्रसाद की ये पंक्तियां कई बार बराबर से निकल जाती हैं... तो कई बार बस अब ख़त्म...
भयानक आंधी से निबटने को कहाँ कोई तैयारी है/होती है, पर खुर्राट, चुस्त बना दिए गए इन आधारों की बदौलत। तनिक देर सुस्ताने को मिलना भी जब रस्साकशी में बदले, तो भी इसे व्यर्थ नहीं समझकर क्षमा कर देना उचित है।
बिखरा हुआ सामान बांधने में समय लगता है।
बारिश, बारिश, बारिश के बाद धूप की अहमियत कितनी बढ़ गई है न! इस धूप से आँखें चौंधिया नहीं रहीं बल्कि मुख और मिज़ाज प्रसन्न हो रहा है।
अब अपराधबोध के मायने बदलकर रख दिए एक तरफ़, बिलकुल निर्मम...
सिसकियाँ फेंक दी कहाँ, नहीं पता।
नाचती हुई खिलखिला उठती हूँ अब
जब-तब!

कोई नहीं, मिट्टी डालो

जीवित नीलगाय को मिट्टी में दफ़ना दिया...

कोई नहीं, मिट्टी डालो
कोई गाय थोड़ी न है!

लिंचिंग लंच से पहले करें
या लंच के बाद...

बला है यह बाला...
बलात्कार कर डाला...

अब मारते नहीं, तो क्या करते?
पूरा ढाँचा साली का बदल डाला...

ज़मीं लाल रंग की
आसमां तक ले जाएंगे...

अबकी बार
चाँद को भी न छोड़ेंगे...

ख़ूब बरसी है रे तू... पगली
फ़सल हरिया गई है।

धनबाद के बाद

धनबाद, बस निकला ही। रात के ग्यारह चालीस... अपने बर्थ पर मैं।
खिड़की के पार
अंधेरे की तूती
दूर-दूर तक टिम-टिम करते बल्ब या दीये
पता नहीं...
बस अरेबियन नाइट्स का तिलस्म...
इतनी गहरी
कि रात भी सकपकाई हुई।
कालका मेल के
पहियों की आवाज़ साफ़-स्पष्ट...
ट्रैक के बदलने की भी...
संवेदनाओं की यात्रा
होती है लौहपथगामिनी की यात्रा।
सिग्नल नहीं मिलने पर
बीच जंगल में ऐलान से खड़े होकर...
सच!
मैं फ़िदा कैसे न होऊँ?
आलथी-पालथी मारकर
या सफ़ेद भक्काट तकिये पर सिर रखकर
अपने रिजर्व बर्थ पर एक शहंशाही अहसास
यह सब हवाई जहाज में कहाँ?
अरेबियन नाइट्स के पन्नों से आज़ाद होते किरदार...
अरे सुनो न,
क्या सो गए?
मैं तुम्हारे आगोश में
और तुम...
तुम मुझे और जकड़ते जा रहे हो।

हल सरल हो जाता है

बड़े-बड़े मॉल
बेल्जियम ग्लास से सजा शोरूम
अल्ट्रा मॉडर्न लाइट्स
पाँव फिसलाते इतालवी फ़र्श
शोकेस पर लम्बे-लम्बे सिल्कन गाउन पहनी गोरी मखमली बालाएं
कि छू लेने से कहीं मैली न हो जाएं
सो रही हैं चुपचाप
अभी तक
चकाचौंध बाज़ार में
यह क्या सुस्त, मुरझाई रौनकें?
पुल के नीचे बहती नदी, प्रायः निष्प्राण
नहीं, नहीं
मृत्यु हो चुकी थी बल्कि
सड़कें, फ़्लाईओवर... तमाम सुपर इंजीनियरिंग के बावजूद निस्तेज
इंतज़ार करती बसें, मायूस सीली सीटें
काल बैसाखी हवा के थपेड़ों से कुछ खिड़कियों के कांच रुदन कर रहे हैं
पटरियों पर खड़ी कतारबद्ध इंजन/ट्रेनें
अंदर झूलते पर्दे, कुर्सियां
उफ़्फ़! न जाने आपस में क्या बात करते रहते?
स्कूल/कॉलेज की आत्मा तो दीवारों से चिपककर रो चुकी थीं
उतनी बार,
जितनी बार पृथ्वी पर झड़कर गिरते पीले पत्ते
फूलों की क्यारियाँ मौसम को रोककर आ रही थीं
कि अभी जाना मत
बच्चे...

बच्चे आते ही होंगे
ब्लैकबोर्ड पर लिखा हुआ अलज़ेब्रा का वह हल
इस बात का द्योतक कि
कठिन समस्याओं का हल सरल हो जाता है।

यात्रा पथ के क़िस्से

कहाँ लौटने देते दिगंत

1.

बिलख पड़ी रूह
ज़िंदगी में मृत्यु देख

2.

बिलख पड़ी मृत्यु
रूह में ज़िंदगी देख

3.

बिलख पड़ी ज़िंदगी
मृत्यु में रूह देख

4.

कई बार मैंने मृत्यु को पास बिठाकर
ज़िंदगी की सैर की है।

आखेट

दिनदहाड़े
या रात का सन्नाटा
किवाड़ों के पीछे
या खुला आँगन
चकाचौंध रौशनी
या बंद दरवाज़ा
स्कूल, कॉलेज, दफ़्तर, अस्पताल
असीमित दायरा
भेद दो
फाड़ दो
क्योंकि
तुम मेरे आखेट हो
सिर्फ आखेट।

उस कुर्सी में आज आप नहीं बैठे मिले

कमरे से लगा हुआ है पूजा-घर
जहाँ हम सब हर त्योहार पर मिलकर पूजा करते

पर आज उस कुर्सी में आप नहीं बैठे मिले

आप अख़बार में नज़रें गड़ाए होते
तो कभी ट्रांजिस्टर में उर्दू सर्विस लगा रहे होते

कई बार तो
आप ख़ुद भी कुछ गुनगुना रहे होते
या वह आपका पसंदीदा शेर दोहराते –
'ख़ुदी को कर बुलंद इतना कि हर तक़दीर से पहले
ख़ुदा बंदे से ख़ुद पूछे बता तेरी रज़ा क्या है'

आपके साथ इकत्तीस साल दो महीने
जबकि बापी के साथ बाइस साल नौ महीने

बापी के जाने के बाद मैं आपके और क़रीब आ गई थी
पर मुझे आपकी बेटी नहीं बहू ही रहना था

हम दोनों एक ही शहर से, 'बरेली'
कुछ बातें इत्तिफ़ाक़ नहीं होतीं
रंजिश वश हुआ करती हैं

हा हा हा हा...
क़ुदरत ने हमें मिला दिया

हम घंटों बातें करते, बहस करते
पर जमते अपने पसंदीदा विषय
'भूत' पर

पर आज उस कुर्सी में आप नहीं बैठे मिले

आप उन ख़तों की तरह हैं, जिन्हें पढ़कर कानों में मधुर संगीत-लहरी बजने लगती है
आप उन ख़तों की तरह हैं, जिनके अनुभव से जीवन संगीत-सा लगता है

कठोर जीवन के सरल इंसान
जिसे अपने सफ़ेद कुर्ते और पाजामे से मोह था

उस दिन आपके पाजामे के नाड़े को बांधते वक़्त
हाथ काँप गए मेरे
हम कहाँ खोते हैं अपने?

हम अपनों को पाते हैं
प्रसाद की तरह

स्ट्रेचर पर ले जाते समय
आपके सिरहाने जानबूझकर खड़ी हुई थी
आपके बालों में हाथ फिराया और
कहा अपने से –
'फिर मिलेंगे, पापाजी।'

घुन्नेटवाली कविता

कहाँ हर बार फ़सल पक पाती है
कहाँ मुरादें
और हर बार क्या पंक्तियाँ पूरी हो पाती हैं?

चाय के भाप पर
तुम्हारी आकृति बनाने की मिथक कोशिश

चींटियों की तारीफ़ में क़सीदे पढ़ते-पढ़ते
जान लेना
कि चिड़ियों के परों पर बैठकर
अंतरिक्ष की सैर करने निकल पड़ने को
ब्लैक होल के रहस्य के बराबर मान लिया है।

पुरुष का पौरुष

पुरुष टूटते हैं
जब भी
किसी को मालूम होने नहीं देते
बस अंदर-ही-अंदर सूखते चले जाते हैं

कहीं कमज़ोर साबित न हो जाएं
इसलिए घूँट-घूँट गरल
हर निवाले के साथ लेते चलते हैं

पेशानी पर पड़ी पेशी पढ़ी नहीं जा सकनी चाहिए
वर्ना कायर-बुज़दिल का तमगा लगने में देर नहीं लगती

वह नौ महीने की ज़िंदगी लेकर आई
बेटी की याद में आज भी सुबकता पाया गया है
कुली, ख़लासी, मज़दूर से लेकर
सेल्स टारगेट अचीव न कर पाने पर

उसकी खाल खींचते हुए
लाइन में खड़ा कर
या बोर्ड रूम में
मानसिक बलात्कार होते चलते हैं

पर 'उफ़' करने की मनाही है।

खी खी खी खी

रात को खाना कैसे बनेगा?
पढ़ाई का ख़र्चा कहाँ से आएगा?
गर्मी क्या होती है?
सपने किस चिड़िया का नाम है?

हाँ, उड़नेवाली सारी चिड़िया होती हैं
और लड़के मौड़ा और वह ख़ुद मौड़ी है
मछलियाँ पानी में नहाती हैं
हाँ, बिस्कुट खाते हैं
टूटे बिस्कुट भी खा लेते हैं
नीचे गिरे झाड़ के खा लेते हैं
किसी डर से डर नहीं
न किसी बात से मतलब
तुम्हारे घर में जो दो गुड़िया हैं
हमें उन्हें हाथ लगाना बहुत पसंद है

खी खी खी खी...

हम हैं
दो बुद्धू बच्चियाँ
संध्या और सोनिया
सब्ज़ी तौलते उनके पापा मायूसी से कहते हैं –
क्या करूँ?
अपने साथ लिए-लिए फिरता हूँ

सुना है, शहर में बच्चा चोर का गिरोह आ गया है।

इंद्रधनुष

1.

करौंदे की जगह चाँद की खट्टी-मीठी चटनी
क्यों न हर थाल चाँदनी से रौशन-रौशन हो।

2.

साज़ बूंदों की हो या तरानों की या परवानों की
अंदर के किवाड़ों के साँकल ख़ुद-ब-ख़ुद खुल जाते हैं।

3.

कुछ शाम मुरादों-नामुरादों के संग भी बैठ लिए जाएं
जान और पहचान, कब आख़िरी हो, क्या पता!

अम्माऽऽऽ

अभी कुछ देर पहले ही तो पहुँचे थे
जाने कौन-सी जगह है
समझ नहीं पा रहा हूँ
बड़ी अड़गड़-सी*
सफ़र लम्बा है
घर पहुँचना है
छत्तीस किलोमीटर लगभग पैदल चल लिए हैं
थककर चूर हैं
पर जोश-जोश में चले आ रहे

यही सब सोचते हुए रात आँखें मूंदी थीं, अम्मा...
(अपने से बुदबुदाते हुए)
मोबाइल पर गाँव में बात की थी
बता दिया था कि
आ रहे है हम सब गाँव

कुछो रक्खा नहीं है वहां
महीने भर से खाना भी नहीं जुटा पा रहे
मालिक कहिन, लौट जाओ गाँव
अब का करब* हम फिर?

रोटी ख़ूब सारी लेकर लिकले
सो निमक लगाकर खा लिए
रात हुई गई
सुबह लिकलेंगे*
सोच-विचार लिए थे

लेकिन अब
अब पुलिस निस्पेक्टर* आ गई है
हमें लेकर गाँव जाने के लिए

सच कह रहे, अम्मा
कुछो पता नहीं था कौनो को भी
कि ट्रेन कोई चल भी रही है
औचक* से हुआ
सब कुछ, अम्माsss

ओ अम्मा!
हमको तो केवल तुम ही जानती हो
सो ई पुलिसवाले न जानेंगे
कि कौन-कौन के जान गई
कौन-कौन मरब?

अम्मा,
तू ख़ूब ख़याल रखना अपना
तोहार बाबूजी दुनो की बहुत याद आ रही
आउर ओकर भी
हमारी 'पगली' उम्मीद से है

इतने सारे कामों में भूल गया था अम्मा
कि मरना भी है।

परिशिष्ट: चूँकि रचना में कहीं-कहीं बघेली बोली का इस्तेमाल हुआ है, इसलिए उनके हिन्दी अर्थ/भाव रचनाकार द्वारा दिए गए हैं।

*निस्पेक्टर – इंस्पेक्टर
*अड़गड़ – विचित्र
*लिकलेंगे – निकलेंगे
*औचक – अकस्मात
*का करब – क्या करें

मात्र मात्राओं का खेल है

काफ़ी कड़वी थी कॉफ़ी
पर फिर भी हलक लेती रही
आज तो सूरज की लालिमा में भी कॉफ़ी मिली हुई थी
आँखों ने चखने पर कहा –
'काफ़ी स्ट्रांग...'

रात की बात ही और है
बिन कॉफ़ी के सही कलर भी नहीं आ पाता
वहाँ मात्रा थोड़ी बढ़ानी पड़ जाती है
सही स्वाद के लिए
मात्र मात्राओं का खेल है
सुबह दू..दू..दूध ज़्यादा
शाम क..क..कॉफ़ी ज़्यादा।

रामगंगा' नदी को जाननेवाले बहुत कम होंगे

रामगंगा नदी को जाननेवाले बहुत कम होंगे
पर उससे रामगंगा को कोई फ़र्क़ नहीं पड़ता

दुर्गा माई के विसर्जन के दौरान
रामगंगा से मुलाक़ात हुई ज़रूर

गंगा, यमुना, ब्रह्मपुत्र से मुलाक़ातें हुईं
उनमें मुझे उनकी फ़ितरतों में कोई फ़र्क़ नज़र नहीं आया

गोदावरी, नर्मदा, व्यास के लिए
कभी नहीं लगेगा
कि पहली मुलाक़ात है
मिलने पर
देह-संरचना, वेश-भूषा,
सजावट, नज़ाकत, मोहब्बत में सब बराबर

नदी मुझे आह्लादित करती है
अंदर जल तरंग बजाती है
मानो बिस्मिल्लाह ख़ान साहब आकर शहनाई की कोई नवेली धुन छेड़ रहे हों
उस्ताद ऐसे बनारसी थे, जो गंगा में वज़ू करके नमाज़ पढ़ते थे और
सरस्वती को याद कर शहनाई की तान छेड़ते थे

पद्मा' नदी की धारा से तो पूर्व जन्म का रिश्ता है
कविगुरु रवि ने चित्रा, चैताली' यहीं रची थीं
चपला' स्पीडबोट की निस्तब्धता

भोर-शाम
सब को समेटकर
दोनों हाथों से जकड़ लेने की चाहत होती है

तुम्हारी अपरिमित सुंदरता में समाहित हूँ, वेसे*
तुम्हारी अठखेलियों में
पैर डुबोकर बैठने पर
अंगूठों-उँगलियों में गुदगुदी होती है ...

यह जो रात्रि बेला है न, वेसे
मेरे नथुनों में ख़ुशबू की तरह फैल रही है
और तुमसे लिपटने से मुझे कोई नहीं रोक सकता

प्रेम के लिए मिलन भी कहाँ बाध्यकारी
एहसासों के पाखी ही काफ़ी।

*रामगंगा – एक नदी, जो भारत की प्रमुख तथा पवित्र नदियों में गिनी जाती है।
*पद्मा नदी – एक नदी, जो बांग्लादेश में गंगा की मुख्य धारा है।
*चित्रा, चैताली – रवींद्रनाथ की कहानियाँ, जो पद्मा नदी के किनारे बने अपने भवन से रची गई थीं।
*चपला – टैगोर की इस्तेमाल की गई स्पीड बोट, जिसमें वे बैठकर पद्मा नदी की सैर करने जाते।
*वेसे (Vessy) – एक नदी, जो जेनेवा शहर में बहती है।

और आलू झींगे पोस्तो*

माँ, थोड़ा-सा पोस्तो और दोगी?
आख़िर में
सुख के लिए

अधखुले किवाड़ों के पीछे
गरम भात, कलाई दाल*, आलू झींगे पोस्तो...

भूलते-भूलते
भूलती चली गई थी
गली, मोहल्ला, शहर...

दौड़ते हुए स्कूल से आकर
हैंडपंप के ठंडे पानी से नहा-धोकर
जेठ की दोपहरी

पुष्पा चाची के मुँह से सुनती थी अक्सर –
'आज घाम बहुत है।'

जेठ से ही शुरू हो जाती
पूजा रिहर्सल की तैयारी

पागला हावाय*
बादोल दिने
पागोल आमार मोन जेगे ओठे

पागल माताल हवाओं की ख़ुशबू लिए रान्ना घर*
और माँ कृत आलू झींगे पोस्तो...

पुष्पा चाची के बच्चों के लिए एक नए तेवर में
जौनपुर की तरफ़ नहीं बनती
बनती नहीं पूर्व बंगाल की तरफ़ भी

उस दिन सौरभ गाँगुली ने कह ही दिया
गरम भात, कलाई दाल, आलू झींगे पोस्तो हो
तो मछली नहीं चाहिए
असाधारण!

माँ ने फुसफुसाकर कानों में कहा था –
'तेरे ज़रूरी सामानों में पोस्तो भी रख दिया है...'

यह टिटहरी की तरह है
जो बेहद उत्तेजित होकर मेरे चारों तरफ़ चक्कर लगाती है

मेरे लिए इतना ही काफ़ी है
कि इसके स्वाद की अनुभूति से
माँ अपने रान्ना घर से पास बुलाने लगतीं हैं।

आये खुकु आये*...
आये खुकु आये...

*आलू झींगे पोस्तो – आलू तुरई की ज़ायकेदार सब्जी खसखस के साथ
*गरम भात, कलाई दाल – गरम चावल, छिलकेवाली उड़द की दाल
*पागला हावाय/बादोल दिने/पागोल आमार मोन जेगे ओठे – प्रसिद्ध रवींद्र संगीत की पंक्तियाँ
*रान्ना घर – रसोई घर
*आये खुकु आये – श्री हेमंत मुखर्जी का गाया बंगाली भावुक गीत, जिसमें वह अपनी बेटी को बुला रहे हैं।

संपन्नता

रचनात्मकता संपन्नता का सूचक है
और यह केवल लिखने-पढ़ने फ़ेसबुक-इंस्टा तक सीमित नहीं

आस-पास के माहौल को ख़ुशनुमा बनाने
रंग-बिरंगे खिलते सीज़न-फ़्लावर्स से इश्क़ कर बैठने
चढ़ती-उतरती धूप के साथ अपनी कुर्सी खिसकाने

ईमेल से भेजी गई रचनाओं पर पैनी निगरानी रखने
और कोई जवाब न आने पर भी खिसियानी मुस्कराहट को बरकरार रखने

और तो और
शाम के खाने के बाद मीठे का इंतज़ाम करने में
जब डॉक्टर चीनी से परहेज़ के लिए हाथ में छपा-छपाया डायट प्लान पकड़ा देते हों,
में अद्भुत सृजनात्मकता का उत्थान होता है

साड़ियों की तहें मन की तहों की तरह होती हैं
जितनी खुलतीं हैं, उतनी निखरती हैं।

मुझे मम्मी पास जाना है

कह मेरी उँगली थाम ली थी
उसकी नन्ही उँगलियों ने
पॉइंट नाइन एट के टेम्परेचर में उसकी छुअन मुझे गरम लावा जैसी लगी थी
चार दिन पहले खो बैठी अपनी माँ को याद करती रही अनामिका
कहती है, मम्मी गांव गई है
मुझे और छोटी लाली को छोड़कर

छोटी लाली छह माह की है
अनामिका के पापा रिक्शा चलाते हैं
कहते हैं – 'मैं रो भी नहीं पाता!'

अपनी रूह को तृप्त किया
अनामिका को गोद में उठाया और चूम लिया

अनामिका,
यही भ्रम का भ्रमण
तो हम किए जा रहे हैं
युगों से
बेटा रानी!

छुट्टी-वुट्टी

1.

दाँत के दर्द से कराहते राजू ने माँ से कहा –
'ख़ूब पीरा रा है, मम्मी!'

'चुप्प,
अभी उनके घर बहुत रिश्तेदार आए हुए हैं
मैं छुट्टी नहीं ले सकती।'

2.

पापा, आज मत जाओ कोठी पर
मेरा जन्मदिन है...

3.

'अपना टेंशन ख़ुद संभालो, कल मेरी वैसे ही छुट्टी हो गई है, किसी घर में नहीं जा पाई। मैं जा रही हूँ।'

बेटी को बोल दिया आज मैंने, भाभी...
'बोलती है बेटी, तुम अपने को तो देखती नहीं, डॉक्टर को दिखाती नहीं। कल सारा दिन बैठी रही वहाँ। जानेवाला तो चला गया...'

4.

तब से छुट्टियाँ थरथरा रहीं हैं।

शिमला! कई गुलाबों का मौसम

फूलों ने गदर मचा रखा है
दिल बेक़ाबू हुआ जा रहा है
दिन के अपने नखरे
रात गहराने लगी है

देवदार, चीड़ और गट्ठर बांधती औरत के पास प्रेम-पत्र छोड़ दिया है।
काले गबदू डौगी को दोबारा देखने की इच्छा को सूटकेस में अपनी न पहनी ड्रेस
के बीच में करीने से रख दिया है।

है तो कितना कुछ
हां, वह भी तो, अरे तुम जो रुठ...
ओह कैंसिल... यह नहीं बताना था।

रिज़ पर पैर रखा भी नहीं था
कि तुम... यार,
बुद्धू हो...
घबरा जाते हो।

सोमवती

नायाब चीज़ अनदेखी नहीं कर सकती
न ही करनी चाहिए

साइट्स पर यूँ तुम जाने कब
कविता बन जाती हो

क़ुदरती गुलाबी रंग-सी ख़ुशी बेदाम
मदिरामय होंठों की बेशक़ीमती चुंबन

तुम में ख़ूबसूरती बेभाव
भाव-छल से परे,
पर दास्तान सरीखे

पूस में अलाव, कहवा या कहरवा...
समझाओ ना, मुझे
कौन हो तुम सोमवती?

यथा सर्वार्थसिद्धि योग

कबूतरों का एक झुंड बस अभी-अभी उड़ा ही है, तो एक नन्हा-सा पंछी बैठा दिखा। अब वह महाशय भी उड़ गए सामने सोलर पैनल के ऊपर से।

मिश्री कबूतरों की गुटर-गूं से दौड़ पड़ी, पर अब जब वे सब उड़ गए मिश्री को देखकर, तो मिश्रीजी अब पास आकर बैठ गईं। बल्कि धीरे-धीरे पसर-सी गईं। थोड़ी धूप-छांव को बदन से लिपटा-चिपटाकर।

पर दूर कुछ उसके दोस्तों की भौं-भौं की आवाज़ से दौड़ पड़ी और अपनी गर्दन मुंडेर से निकालकर देख रही है।

यह मुहूर्त मेरे लिए शुभ रहा।

बिना तिथि, वार, नक्षत्र, योग, करण, नवग्रहों की स्थिति, मलमास, अधिकमास, शुक्र और गुरु अस्त, अशुभ योग, भद्रा, शुभ लग्न, शुभ योग तथा राहूकाल के ही...

अंजाम

एक बार फिर मोहब्बत के अंजाम पर रोना आया
दिल तो रोया, पर दर्द को भी रोना आया

कितना यक़ीं था अपनों पर
हर ओर ख़ुशी और ख़ुशबू की बौछार
तन-मन में फुहारों का लेप
छौना-सी चंचलता
लहराती हुई बांसुरी
चहुँ ओर अलमस्त की बयार
कितना यक़ीं था अपनों पर

सहसा आस्था हुई चोटिल
अवसर से खाई मात
प्यार हुआ स्तब्ध
जंजीरों ने फिर एक बार
किया उसपर घात
इतनी निष्ठुरता
यत्र-तत्र नीरवता
कुम्हलाया यथार्थ
तोड़ा जब ऐतबार
हाहाकार हाहाकार

एक बार फिर मोहब्बत के अंजाम पर रोना आया
दिल तो रोया, पर दर्द को भी रोना आया।

कुछ अधूरे क़िस्से

1.

वह सीढ़ियों पर ठहरे पैरों की छाप तुम्हारी
तह कर सबसे ऊँचेवाले खाने में रख दी हैं
कि मुफ़लिसी में काम आ सकें।

2.

बात कुछ ख़ुशबूदार पत्तों की भी है
केवल फूलों से ही वसंत नहीं।

3.

तुम्हें याद करने का एक नायाब तरीक़ा खोज निकाला है,
मेरी हर तस्वीर में तुम्हारी ख़ुशबू होती है।

कैरेक्टर सर्टिफ़िकेट

सबसे पहली बार तब मिला तमगा
जब मैं आठ-नौ बरस की
अपनी मूर्खता के लिए प्रसिद्ध थी
सो कह दिया –
'मुझे अच्छा लगता है जयंत!'

हाहाकार मच गया क्लास में
देखो तो कैसी है
खुलेआम बोलती है

फिर एक मैडम ने बुलावा भेजा
क्यों? क्या समझती हो अपने आप को?
तुम्हें लेटर भेजा जिस लड़के ने
उस लड़के के नाम से कोई नहीं पढ़ता यहाँ
पता नहीं, किस-किस की शिकायत लेकर आ जाती हो
भागो...

सहेली चैताली का भाई मिलने आया हॉस्टल में
उस से कहकर
लौटकर गया –
'दूर रहना उससे
मुझे कोई अच्छी लड़की नहीं लगती'

हॉस्टल मेट्रन ने तो कह ही दिया –
'यह मानेगी नहीं।'

'आठ बजे के बाद ही महारानी को आना है
क्या पढ़ाई हो रही है!'
– फ़िजिक्सवाले जौहरी सर
जब-तब तपाक से कह ही देते हैं

क्या है कि
चोट नहीं पहुँचती देह पर
अरे रे,
सीधे पहुँचती है आत्मा पर
काट पूरा नहीं दिया जाता
अधकटा ही छोड़ दिया जाता है।

आशा शर्मा मैम, चेतराम सर, श्रीवास्तव सर, संध्या मैम, फ़िजिक्सवाले जौहरी सर
और भी कई
कि सुनिए
आप लोगों की वजह से
हम बार-बार
कैरेक्टरलेस, बदतमीज़, ग़लत लड़कियाँ बनतीं हैं
और हमें नाज़ है, गुरूर है अपने पर बेइन्तहां
और...
और अपनी बेअदबी के समुन्दर पर
बा-अदब।

ऐ सुनो!

एकांत ख़ुशी दे जाता है,
पर मिलकर बातें नहीं करती।

एक से दो भले वाली कहावत मुझे कई बार डरा जाती है।

एक अंकवाले नाटक को एकांकी कहते हैं और मैं एक पात्र की पाती हूँ।

एकतरफ़ा प्यार मुझे कई बार हुआ है।

एकादशी व्रत रखने से समस्त पापों का नाश होता है और मृत्यु के बाद मोक्ष की भी प्राप्ति होती है और मुझे अपने पापों को मात्र व्रत के विकल्प से नाश नहीं करना है।

एकतारा वाद्य यंत्र को 'बाजना' कब तक बोला, पता नहीं, पर बचपन से उँगलियों से तार को छेड़ना अच्छा लगता है।

एक-एक कर मैं सबको छोड़ रही थी और यह झटके से छोड़ देने से बेहतर है।

ठीक उसके बाद

ठीक उसके बाद आसमान फूलों से सज गया था। इतना ख़ूबसूरत कि आसमान ने अपने को इस नूरानी अंदाज़ में पहले कभी देखा नहीं था। तो एक बार हकबका गया। हॉलिहॉक्स के झुंड रुनझुन-रुनझुन करते जा रहे थे। मैरून, गुलाबी, रंगों का तो सैलाब।

आव देखा न ताव, फूलों ने भी गदर मचा दिया। अपने सारे रंगों से आसमान पर पेंटिंग कर डाली, जैसे कोई त्योहार हो। नारंगी-लाल झालर झूला झूलती हुई।

फूलों और आसमान का यह घमासान लगातार क़ायम है
और मध्यस्थता करने का कोई विचार भी नहीं

अच्छा, वह टूं-टूं करती नन्ही चिड़िया बिना रुके चिल्ला-चिल्ली कर रही है, सो देख लूं तो

मुझे लगता है, इस बार नशे में मैं कह ही न डालूं कहीं
समझूं ज़रा कि आसमान ज़्यादा निगल लिए
या फूल रस।

जी टी एक्सप्रेस

बस यही वाली आवाज़, यही वाली!
'पौं' की हॉर्न बजाती तेज़ रफ़्तार से कोई गाड़ी निकल जाए।

हम अपनी आरक्षित बर्थ पर आराम से बैठकर खिड़की के बाहर रात साढ़े नौ बजे देखने की नाकामयाब कोशिश करते रहे।

अब दिख रहा है एक लगभग सो चुका प्लैटफ़ॉर्म
सारी बेंचें ख़ाली
सिवाय एक औरत के
और वह भी इस लौटती ठंड में जब नैनीताल, अल्मोड़ा सब जगह मौसम सफ़ेद भक्काट हो रहा हो
वह अकेली लगभग-लगभग ख़ाली ठंडी रात में यहां क्या कर रही है?
एक वीडियो बना लिया सोचकर
न..न..न
दिल ने कहा, अरे कहीं जा रही होगी

ट्रेन सरक रही है और दबी बुझी रौशनी में दूर तक मुझे कोई भी नहीं दिखा।

वह प्लेटफार्म भी दो या तीन नंबर, जहां गाड़ियां कम ही रुका करती हैं।

वेज पुलाव, वेज थाली, कमसम की
और अब धीरे-धीरे बत्तियां भी बुझने लगीं
समय बाइस पंद्रह।

थिरकन गंतव्य तक पहुंचने में कामयाब होते हुए।

मेरी मुक्ति

सड़क के दोनों तरफ़ हरियाली होती है, तो सफ़र ख़ुद-ब-ख़ुद ख़ुदा हो जाता है। सड़क के एक तरफ़ पेड़, पौधे, लताएं, पत्ते दिख जाने पर भी आबोहवा सुकूनदायक, ख़ूबसूरत और आनंदमय हो जाता है कुछ परिमाण...

पर यही सफ़र वीराने और सूखे से होकर गुज़रता है जब, तब गुज़रे दिनों की ठंडक, ख़ूबसूरती और ख़ुदा को बक्से से बाहर बुलाकर ख़ुद को चमत्कार दिखाना होता है।

चमत्कार!
दिखता बंद आँखों से जो,
चिड़ियों के कलरव-सा स्पर्श
ओस से भीगी टेबल, कुर्सियां, जो रात भर गपशप में बाहर रहकर चांदनी की सिसकियों में डुबकी लगाती रही हों।
अख़बार के पन्नों पर नहीं आ पानेवाली बेख़ौफ़ ख़बरों की आज़ाद हँसी
कोयले की देह को छूती-लहराती लिपटने को आतुर नारंगी लौ

मेरी मुक्ति ने अभी नवयौवना का रूप लिया भर।

ख़ारिज

तुम्हारी हर मुद्रा को ठहरकर देखती हूँ

तुम में पलाश, गुलमोहर, गुलाब
जैसी कोई बात नहीं मिली
न तुम्हारी देह इतनी आकर्षक लगी
कि मैं किसी ग्रीक गॉड से तुम्हारी तुलना कर सकूँ...

तुम तो कई बार मुझसे बेवजह उलझ भी जाते हो...
यह क़सूर तुम्हारा नहीं
यह विज्ञान संकाय के कला संकाय से पाषाण युग वाले तालमेल का मोल है

मैं किसी पर अपने प्रीत का टेक्का दिखाने के लिए बोल भी नहीं पाती हूँ कि
तुम मुझे पिक्चर दिखाने ले गए हो
या हम घंटों हाथों में हाथ डाले बैठे रहे
या किसी सिंदूरी शाम हम दोनों
सागर किनारे
या अपने टेरेस गार्डन पर

हम जब भी बैठे पास
उलझे रहे या डूबे रहे
अपने-अपने मोबाइल में

जब-तब यही सुना है
तुमसे कि
अपनी इन बड़ी-बड़ी आँखों में
आई ड्रॉप डाल लेना
वर्ना आँखें कैसे दिखाओगी मुझे?

अरे! तुमने नहीं लिया हल्दीवाला दूध?

अच्छा तकिया बना रखा है
मेरे हाथों का साल-दर-साल

और इस प्रकार ख़ारिज हुई
हमारी महीन त्वचा-सी
प्रेम कहानी।

ईश्वर के प्रति मेरी आस्था चरम पर है/थी

सुबह-शाम तुम्हारे सामने
धूपबत्ती, अगरबत्ती, दीया का
इतना प्रभाव पड़ा
मेरे पूर्वजों पर
कि कम-से-कम
मैं किसी दबे-कुचले परिवार में पैदा नहीं हुई
अलबत्ता मेरे आस-पास तो सब कुछ बहुत ही बढ़िया है
रसोई-घर भरा हुआ
अलमारियों में कपड़े
कैश पूरा...
बागानों में फूल उगाने के सारे साधन
जो फूल उगने में आना-कानी करते,
उन पर ज़ोर ज़बरदस्ती करते हुए कभी मलाल नहीं हुआ
गुमान की बूँदें टपर-टपर गिरते-उठते देखी जा सकती थीं
सारे माध्यम हृष्ट-पुष्ट

सीरिया, रोहिंग्या, क्यूबा, ईरान...
में लड़कियों के साथ क्या हश्र हो रहा है
यह उनका परिवार देखेगा
दूर दिगंत में क्या हो रहा है
इसकी मुझे क्या ही दरकार है

जब एक बाप अपनी चौदह साल की बेटी को
दुल्हन बनने के लिए इसलिए मज़बूर करता है
क्योंकि एक भूखा पेट कम हो जाएगा

बेरोज़गारी, रेज़गारी, देनदारी के तीन-पाँच से अलग है दुनिया
यह दुनिया नक़्शे में नहीं पाई जाती
और न ही दिमाग़ के बक्से में

छत्तीस पन्नों में मात्र तीन पन्नों में देश-विदेश की ख़बर का अख़बार
बाक़ी तैंतीस पन्ने लबालब ख़र्चे करने के तरीक़े

लब्बोलुआब यह कि
देखकर सिहरन नहीं होती अब
सिहरन तो किसी बात से नहीं होती
कांच पर धूल तो जमती रहती है
आँखों पर पट्टियां बाँधी जाती हैं/रहेंगी

दुल्हन और वेश्यालय में कोई फ़र्क़ नहीं
इस बात से अब ईश्वर को भी कोई फ़र्क़ नहीं।

Lightning Source UK Ltd.
Milton Keynes UK
UKHW040639020323
417918UK00004B/244

9 798889 359456